JN410257

만인시인선 · 53

# 신라 토박이 마을

권순채 시집

# 신라 토박이 마을

만인사

# 시인의 말

나는 경주시 내남면 둥굴마을에서 나서 이조(갬디미)에서 살고 있다. 칠십을 눈 앞에 두고 한번도 고향을 벗어나 살아 본 적이 없다. 그러고 보니 등 굽은 소나무가 선산을 지키는 격이 되고 말았다.

그간 농사짓는 일 외에 30여 년 동안 줄기차게 내남지역의 토박이 말과 전설을 찾아 채록하면서 살아왔다. 잊혀져 가는 말과 정신을 찾아다녔지만 자랑거리도, 후회스러움도 없다.

묵묵히 내가 살아 있을 동안 발품을 판 기록을 남겨서 뒤에 올 사람들에게 징금다리가 되었으면 하는 바램뿐이었다. 그런 마음의 연장선에서 시집 『신라 토박이 마을』을 다시 세상에 내어 보낸다. 이 시집에는 내남면 80곳, 황남동 15곳의 토박이 마을 땅이름과 사라져가는 풍경, 바뀌어가는 시대상을 시라는 이름으로 다시 불러내 본 것이다.

이 시집이 나오기까지 많은 분들의 성원이 있었고, 뒤에서 한 생을 묵묵히 지켜온 아내 원옥자에게 눈물겨운 고마움을 전한다. 또한 권위있는 만인시인선으로 이끌어 준 외우 박진형 시인에게 더없는 고마운 마음을 전한다.

2020년 화창한 봄날
등뫼 권순채

## 차 례

시인의 말 —— 5

## 1. 남산 천룡이 날으시어

백운대 —— 15
용산 —— 16
천룡 —— 18
배양골 —— 19
용장 —— 20
비파 —— 22
별내 —— 24
틈수골 —— 26
오가리 —— 27
외말 —— 28
강정 —— 30
머수 —— 31

등알 —— 32
제공 마을 —— 33
이조 갬디미 —— 34
냄비 —— 37

## 2. 둥굴고 푸르른 마을이라네

장자태 서나무 —— 41
둥굴 —— 42
솔안각단 —— 44
술구름각단 —— 46
중각단 —— 47
지당각단 —— 48
박수골 —— 49
화실 —— 50
새말 —— 52

차 례

문바우 —— 54
도꼬불 —— 55
어링이 —— 56
탑골 —— 58
뒷새말 —— 59
벤다골 —— 60
소리미 —— 61
두릉 —— 62
망성산 —— 63

3. 비룡산 줄기에 미역내는 흐르네

달미 —— 67
노실 —— 68
바탕골 —— 69
재량 —— 70
굴성 —— 71
중말 —— 72
미역골 —— 74

산수골 ———— 75
전포 ———— 76
홈실 ———— 78
너죽골 ———— 80
시루골 ———— 81
못골 ———— 82
미역내 ———— 83
새들 ———— 84

## 4. 신을내 맑은 물가에

구트란 ———— 87
느븐드리 ———— 88
청두말 ———— 90
구왕골 ———— 92
신을 ———— 93
숲말 ———— 94
청각골 ———— 95
수통골 ———— 96

직통골 97
숯가마골 98
평지말 99
골안 100
쇠비산 101
양지말 102
구일 103
남성미 104
안심이 105

## 5. 봉동산에 밝은 닭 울면

매태 109
빌기 학동말 110
원박달 112
샛골 113
돌꼬지 114
점말 115
윗고사리 116

아랫고사리 — 117
도진뱅이 — 118
양삼 — 119
반탕골 — 120
사태골 — 122
안마을 — 123
괘밭 — 124

## 6. 국당 어디 영묘사가 있었을까?

식혜골 — 127
유적 속의 황남동 — 128
배리 — 130
남간 — 131
포석 — 132
국당 — 133
사정동 — 134
탑리 — 136
도초 — 137

차 례

율동 ——— 138
못안 ——— 140
선두말 ——— 142
당미기 ——— 143
매바우 ——— 144
두대 ——— 146

| 해설 |
발품 삼십 년, 그 공력의 시/박진형 ——— 147

# 1

# 남산 천룡이 날으시어

# 백운대

남산은 천룡
마석산은 대룡
비룡산
힘차게 날아 오르네

하늘의 용 큰용 날으는 용
모두가 모인 곳
임진왜란 때 명나라 장수
혈 자른 덕고개
그래도 용들은 꿈틀꿈틀
세월 속에 살아 움직이네

백운골 흰구름 속에
옛 선인들 혼 깃들어
거룩한 곳 되겠네

# 용산

남산 천룡이
굽이굽이 꿈틀꿈틀
노움산 용오머리 가마처럼
돌돌 말린 가마돌이 돌고 돌아
길고 긴 산 끝이라 진산골 넓은 들
도로공사로 옛 이야기가 되었구나
시끌벅적 장날은 어데 가고
인적 끊긴지 오랜 장태만 남았구나

옛 절터 불영골에
고색창연한 용산서원 자리잡고
느티나무가 이정표이고
은행나무, 회화나무가
서원 앞 신도비각 의젓하게 보이고
우람한 귀부(龜趺)는 신라적 솜씨로세

천룡산 돌고 돌아 내려 오다 보면
용오머리 꿈틀꿈틀 휘감은 산끝 진산골

별내거랑 물빛 받아 영수바대 그림자 이루고
흐르는 물길 따라 장 이루던 마을
지금은 사라졌네

팔밭골 산막골 등메밭 기슭에
마을 이루다 보면
모두다 따뜻한 정이 오가고
새갓골 소나무는 온갖 풍상
다 겪어 굽고 굽은 것이
아름답기만 하여라

# 천룡

남산 중에 제일봉은 고위산
줄줄이 산이 모여든다고 줄봉산
뱃머리같이 생긴 배바우가
하늘용의 입이라네

산 위에 올라 서면
아득히 보이는 넓은 곳
탑이 오라고 손짓하고
돌거북 편안하게 자리잡은 곳
천녀와 용녀위해 세웠다는 천룡사
절이 흥하면 나라가 흥한다고
허물어진 탑 다시 세워지고
물통과 맷돌, 돌거북이
옛날 찬란했던 때를 알려주네

## 배양골

양씨들 백집이나 모여 살았다는 백양골, 큼직한 양씨들 묘가 있기는 있네 이 좁은 골짜기에 집성촌 이룬 양씨들 다른 성씨보다 곱절이나 살았겠지 이제 어디로 갔는지 사람들 보이지 않네 추울 때는 볕 잘들어 따뜻하고 더울 때는 푸르른 버드나무 벗삼고 살아간 사람들 둥글고도 곱게 자란 느티나무 동제신으로 모시고 돌 많은 돌곳인지 산대미각단 어떤지 이씨들 제실 있는 제공골, 단단한 장의 판 벌어진 장판들눈 여겨 보아도 보이지 않네

## 용장

용장사 깊은 골짜기
목 없는 부처님 언제나 인자한 모습
그 뒤에 바위에 새겨진 부처님
산등성이 바위 위에 우뚝 솟은 탑
하늘 위에 떠 있는듯 높기만 하여라
둥근 돌 위에 부처님 모신 곳
설잠 스님 시누대 우거진 골에
매화향 맡으며 『금오신화』* 지으신 곳
세월 흐름에 터만 남았네
중굼부리 중 목탁 치며
어디 갔는지 전설로만 남았네

이엉재 동서로 이어주고
봉호골은 봉화 올린 곳
노루미기 열반골 넘어가며
끝없는 부처님 세계 천룡골
탑상골에 탑과 불상 있고
절골에는 목 없는 부처님 계신 곳

우거진 숲들 사이로
용장 깊은 골 바라보며
삶의 터전 일구며 사는
사람들 있네

*매월당 김시습은 생육신의 한 사람으로 세조의 왕위 찬탈에 환멸을 느껴 남산, 즉 금오산 용장사에 7년간 은거하며『금오신화』를 지었다. 이를 기리기 위해 본인이 주관하여 8년 째 매화꽃 피는 이른 봄날에 용장사 빈터에서 매월당 추모제를 올리고 있다.

# 비파

산 아래 마을 아래 들이네
황새 그려져 있다는 황새선창
배고픔에 밥값 주고 얻은 하지배미
지금은 식당이 되었네
마을 정자나무가 당수나무인데
다시 심은 느티나무 마을 지키며
오가는 길손 맞이하네

외로이 큰무덤 있는 외능골
풀속에 묻힌 풀무절태
굽이치는 음달이라 김임달
굽은 옥돌 나온다는 돌곱새
부처 모신 곳에 묘 있는 부내미땅
하늘 같이 높다는 하늘재 만디*
마당처럼 단단한 마당배미들

신라 적 귀족들
비파 가지고 놀다간

영험한 바위가 있어
비파 소리 들리는 마을에
정 붙이고 살아가네

*남산 금오봉(468m)을 이른다.

## 별내

천룡산이 꿈틀꿈틀
비룡산이 날아오면
대룡산이 더 크게 보이는 곳
물 속에 용의 그림자 보이는 마을
마을 앞 당수나무 늠름한 기상
냇물에 별빛 비친다는 마을

물그림자 잘 비친다는 수영골
그림자 되비친다는 영수바대
겹겹 산 둘러쳐진 병풍디미
큰말 발자국 있다는 대마골
삐득골 무림티 숯굴백이
뜻있는 아름들이네

지금은 산 사이
허허벌판에 흐르는 내
맑고 맑은 물빛은 어디 가고
농사 짓는 들판만 이어지네

물과 별 모래와 벌판
땅 속으로 스며 든 물인가
물 잘 빠지는 벌내인가
누군가 물어오네

# 틈수골

산과 산 물과 물
그 틈서리에 이루어진 마을
부채살 같이 펼쳐진 어두목골
능이 있는 능번디기
부처 모셔 빌던 나마골
돌아 가는 도이동
시묘살이 몇 년인가 시모산 있고
차씨들 묘가 있는 차상미
태풍에 없어진 당수나무 다시 심어
오가는 길손 맞이하네
와룡동천(臥龍洞天) 좋은 경치에
교천 최부자 정자 지어
학문 닦고 후학 길러내던 곳
동쪽 천룡의 기상받아
높은 산 깊은 골몰 내려오는 사이
서쪽 푸른 강물 너머
너른 들 바라보고 사는 사람들
서방 정토 극락 세계 이루겠지

# 오가리

놊고 깊은 산골짜기
동서로 길게 트인 곳
남산 천룡과 마석산 대룡이
양쪽에서 이어질듯 버티고 있는 곳
다섯 집 살던 곳이라 오가리인지
일찌기 논 갈고 물 가두어
모 내야 하는  올갈이가
오가리로 변한 것일까
살던 사람 다 떠나가고 없어도
농사 지을 때는 시끌벅적
농사철 지나면 고요에 잠기는 곳
옛날에 옛날에
솔숲에 동제 지냈는데
지금은 지낼 사람도 없어
솔숲만 우거졌네

# 외말

기와 굽은 곳이라 외말
임진왜란 때 왜놈들 말 매놓은 마을이라나
왜적 물리치고자 말 기른 곳으로 보면 되겠지
냇뚝으로 말 타고 다닌 마도랑
냄비는 안마을이고 외말은 바깥마을
홈 걸어 물대는 홈밭들
경덕왕릉 있어 능고개
왕릉 만드느라 장판 펼친 장밭
장밭 아래 늘어선 마을
솔고개 소나무 사라지고
느티나무 심어 동제신 모시고
마을 쉼터가 되었네

반티 이고 넘던 반티고개
내 안이라 개안들
마을숲이라 섶갓
동쪽산 모팅 새갓 모팅이라 불리네
닥밭 밑에 늘어진 딱밭밑각단

너른 들판 고속도로에 차가 싱싱
언덕 아래 늘어진 마을 보기도 좋아라

## 강정

은하수 강물이 굽이쳐 밀려오는 산 아래 청소 이루던 곳, 옹기종기 집들 정자 있던 산을 강정산이라 불렀네 산 아래 강가 봄날엔 버들이 춤추고 여름엔 물놀이 즐겼네 가을이면 너른 들판 황금 물결 이루고 황금빛 단풍에 남산 부처님 웃음 지으면 내 건너 봇갓, 함박등은 강물 받아 더욱 빛났네

굽이치며 이룬 청소
물 맑아 산마루 정자터만 남았네
강정산 기린내 물빛 받아 빛나고
지나가는 세월 만치나 변해가는 물빛
벗 삼아 살아가는 사람들 있네

# 머수

물 굽이쳐 마을 안으로 들어와 청소(淸沼)이루다 흘러 갈 때는 소(沼)가 멍에같이 흘러간다 하여 가연(佳淵)이라 불렀네 세월 흘러 물줄기 달라지고 청소 멀어져 감에 머수라 부르기도 하고 머소라고도 하네 청소 있던 늪비알 화계* 선생 찾아 온 엄행어사 박문수가 물 끌어 들이기 내기하던 물몽고개, 들 복판 당수나무 귀목은 고속도로 공사에 베어져 터만 남았네 그 넓고도 넓은 머수들 고속도로에 골짜기 아닌 골짜기 마을이 되었네

*화계(花溪) 유의건(柳宜健, 1687~1760)은 내남 화실에서 '화계서당'을 열어 많은 제자를 길러내었다.

# 등알

산등성이 아래 마을
고속도로 때문에 옮겨 간 곳
화실 냄비 거쳐오는 기린내
산등성이 아래 새들
윗새들에 개답 있고
냇물이 바로 안 흘러가고
길게 나아가다 흘러내린 기린내
그 물빛 오늘도 변함없네

구왕골 남생미 외말 앞
거쳐 흐르는 마도랑물
등알에서 멈추면
화실 냄비 흘러오는 물이
마을 감싸고 기린목 길게 뻗어
물 멀어진 머수 앞에 이르면
내 안고 살아가는 사람들
산처럼 물처럼 맑고 푸르네

# 제공 마을

하늘에서 내려 왔다는
취산 진지촌장 정지백호
정씨 묘 곁에 제실 지어
조상 모심은 옛 풍습이로다

수영골 맑은 물
선바우 앞에 보이고
황새골 깊은 골에 황새 날아 들고
땡감 지고 팔러 가던 댕댕이고개
오리나 길고 긴 오리밭골
물 맑은 말청골에 미나리골
방아 찧던 터에 방아골
한쪽 구석의 개나골

동제도 사라지고
이제는 이름마저 잊혀지고
지형도 변해만 가는 세월이네

# 이조 갬디미

1

감태봉 물이
살거내로 흘러오면
배내가 흘러 내달려 오면
홈실내와 만나
부체수듬비에서 한바탕 굽이쳐
둥글게 달내 이루고 흘러오면
냇가의 갈대가 춤 추는 사이
신을내와 만나다 보면
어느새 별내가 내달려와 합수되어
상내거랑 이루다 보면
밭뚝 밑의 맑은 물에
천룡바위 맑게 비치어
가암촌(佳岩村)* 이루었네

마을 지킴이 큰바위 깨어져
북쪽으로 마구 걸어 가는데
"돌도 걸어 가네"

방정맞은 아낙네 한 마디에
앞서 가다 넘어진 것이 누운돌백이
뒤에 가다 선 것이 선돌백이
미역내 신을내 별내가 모여
갯더미 이루는 뒤편이라
부르기 쉽게 갬디미라 부르네
이름없는 옛무덤 개무덤으로 부르고
마을에서 제일 높아 천작도라
갑판처럼 소나무숲 이루며 북풍 막고
마도랑 남에서 북으로 내달려 가네

2
고색창연한 충의당
정무공 최장군 혼이 숨쉬고 있네
의젓한 홰나무의 모습 또한
최장군 후손들이더라

십이대 만석꾼에 구대 진사

최부자 처음 벼슬 이룬 화지백이
교촌 최부자는
이 땅의 부자 모범일세

한국의 개혁운동 선구자
동학의 수운 최재우
모두가 갬디미 상징이로다

*갬디미 마을은 이조, 또는 가암이라고도 부른다. 천룡바위를 갬디미에서 보면 아름답게 보인다고 해서 가암(佳岩)이라 하였다.

# 냄비

냇물 밀려 왔다
어느새 밀려 갔는지
이름하여 냄비라 하거늘
골목 갈라 이쪽은 부지
저쪽은 용장이라고
한 마을 두 동강 났어도
이러나 저러나 한마을이네

마을 앞
기린내 길게 뻗어
개안들 새들 만들어
물도둑 생기곤 했는데
뒷산 쌍봉은
비어가는 내만 바라보네

# 2

# 둥굴고 푸르른
마을이라네

# 장자태 서나무

장자테 만디
장자가 심었다는 서나무
비바람 눈보라에도
꿋꿋이 수백 년도 더 살아
사방 팔십리에서도 보였다 하네

하루밤 몹쓸 바람에
아름드리 서나무 힘없이 넘어지고
새로 돋아난 움초리
또한 수 백년 더 살아
사방 팔십리에서 보이거라

# 둥굴

월성 김씨들 솔구름에
안동 권씨들 옥수골에
숙천 한 부사* 아랫마을에 정착해 보니
마을 뒤 천장봉은 작은 반달이요
그 아래 왕릉 같은 큰 무덤 있고
벽도산 장자태 만디는 큰 반달이라
그 아래 민애왕릉과 희강왕릉 있어
보면 볼수록 둥글고 둥근 마을이라
둥굴이라 불렀네

매헌 권 선비** 의병 모아
이 마을에서 왜적 물리치려 오니
장자태 만디는 범등이고 목재는 목이라
범우굴 범머리에 범꼬리 고미산에
범바우, 예수바우, 천장봉, 원고개 토해내니
둥근 망산이 우뚝 솟아 둥굴이라
염불지에 물이 가득,

범은 성 내면 꼬리 치켜 들고
보기 좋아 고미산이라 하고
방매 덕고개 불성곳 밀개등이 밀려 오면서
천장봉을 마주하고
병풍바우, 섶갓은 병암산이라
길게 뻗어내린 진등 아래 굼밭에 구매
진사들 많이 살던 술구름고개 밑에
수레가 왔다 갔다 했다네

*조선조 중기 평안도 숙천 부사를 지낸 한언호, 임진왜란 때 의병을 모아 창의하였고, 선무원종 2등공신에 녹훈되었다.

**권사민(1557~1634)는 임진왜란 때 창의하여 팔공산, 화왕산 회맹에 참가하였다. 조선 정조 때 충효 정려가 내려지고, 승정원 좌승지에 증직되었다. 후손들이 경주시 내남면 동굴에 많이 살고 있다.

# 솔안각단

둔옹 한 선생 묘소 도래솔이 소나무만 있다해서 순솔백이, 그 안쪽에 있는 솔안각단 마을은 내가 태어나 자란 곳. 봄이면 불성곳에 흐드러지게 핀 참꽃 꺾고 여름이면 소 먹이러 덕고개 가서 금실 너머 옹당못에 목욕하고 놀다가 남의 밭에 들어간 소 뺏겨 혼이 나고 가을이면 방매 밤나무밭에 밤 따 먹으러 가고 겨울이면 미나리꽝에 얼음 지치고 뒷밭에 보물찾기하다가 순솔백이 가서 뒹굴고 놀았다네. 초등학교는 순솔백이, 탑골, 못안고개, 자래바우, 큰못 화련당으로 해서 다니다가 중·고등학교는 기차 통학하느라 시오리길 걸어 가는데 화련당, 율동, 솔끝, 용맷골, 도둑골, 매바우, 이무리 봇도랑 두대 모팅길로 걸어 다녔다

나이 들어서 고향 지키며
부모님 모시고 농사 짓는다고
논은 어운굴에, 밭은 방매
겨울에 나무하러 불성곳, 금실로 다녔지
하늘불 맞고 갈라져 영험하다는 불성곳

불 서고 빌던 바위 있는 곳
먼 옛날 토기 굽던 불성곳
가마에 이글이글 불 때면 불성굴이지

세월의 흐름에
산천도 사람도 변하는걸
좁다란 길이 넓게 트이고
굽은 논뚝이 곱고 똑바른 가운데
그래도 살아가는 사람들이 있다
순솔백이 그 소나무숲
지금도 푸르고 푸르다

# 술구름각단

임진왜란 때 의병 모은 매헌 선생, 댕명골에 훈련시켜 방송진에서 왜적을 방어했으니 무기 실은 수레가 굴러 다닌 술구름고개 마루에 외로이 참나무가 지키고 서 있네 권 진사*, 김 진사**도 이웃하여 살았네 모든 산이 서라벌로 향하는데 한 줄기만 핑 돌아서 여우같이 간사스런 예수바우. 큰부자 장자가 살았다는 절태, 장자태 만디에 아름드리 서나무, 돌무더기 무덤곳곳에 장자의 흔적 남아 있네 애써 일군 팔밭에 솟아난 물이 번져 나가는 물밤 번디기 참나무백이 우물은 온 동네 아낙네들 이야기꽃 피웠어라

*권응립(1577~1648) 조선조 중기 생원 진사.
**김의장, 조선 중기 진사로 후손들이 둥굴에 살고 있다.

# 중각단

마을 어디에서도 못 보는 병암산 섶갓이 이마같이 뚝 튀어 나오는가 하였더니 토해 낸 산등이 길게 뻗어 내려 오다가 중각단 앞에 멈추어 안산 이루었네 진등 너머는 옥수골 부자 묘 있어 진등솔밭, 매 풀어놓던 방매, 연두빛 곡식 잘 자라던 연두밭 골짜기, 담뱃대 후비는 대찔개 같이 생겼다고 대찔게, 도가리 기와 굽은 잿골, 지핑 얼어죽은 지핑도가리, 산등으로 난 고개인 덕고개, 넙적 번철 같이 생긴 넙떡번철, 집앞에 칼치 도가리, 모시밭, 딱밭, 엉굴 안산 도가리는 이제 사라지고 이름만 남아 불러지고 있네

# 지당각단

성부산 바라 보고 있는
매헌 선생 모신 가묘
그 앞에 둥굴 넙떡 번철
머리에 쓴 갓 같아 보이나
가묘 모신 큰집 앞에 지당 파서
불 나면 불 끄고
불 안 나면 정원이로다
청수골 폭포는 삼복 더위에 여인네들 물 맞고
계곡과 계곡 사이 감돌밭
약물 먹으로 가마 타고 온 감돌밭
빛깔 좋은 흙 파낸 흙구딩고개
새벽한다고 흙 파낸 치백이 논도가리
새북골 흙은 얼마나 고운가
붉은 티고개 넘어가면
김디미에 갓치질
진등 위에 불밝힌 장등밭
옛 전설처럼 들리네

## 박수골

둥글고 둥근 둘국만디서
뻗어내려온 큰등 아래
쿵쿵거리는 쿵쿵미
박수무당 어디에서 어떻게 살았는지
죽어서도 쿵쿵거리는 쿵쿵미가 되었나
방구 많고 물 맑은 골
함지박같은 함박등
가느다란 뱀이등
요리조리 꼬부랑 고개 토깽길
썰매 타듯 넘어간다는 누운살매
양쪽 산비탈은 넘살매 비알
범꼬리의 범바우
절로 자란 풀 베던 분등
돌촉같이 뾰족한 도초바우
절 있던 절태바우
나뭇꾼들 이름 지어내고 나무하던 곳
희미한 기억 속에 사라져만 가네

# 화실

꽃 많이 피던 화실(花谷)에서 신라 화랑들 훈련하였다네 위급할 땐 성부산, 솥뚜껑같이 생겼다고 소두방산, 불덩이 날아가 나라 구한 산, 토기 굽고 선작업한 선작골, 서당 너메 수도 없이 많고 많은 도요지에서 꽃불 피워 구워낸 토기 자지고개 넘어 왕실에 바쳤네 조선조 화계 선생 서당 지어 문도 길러내니 학문도 꽃 피운 화실이라네

여덟 바위 있는 팔바우골
딸기나무 많아 따박골
가뭄에서 물 내려준다는 수리줄
선두에서 물 내려오는 섬거랑
동쪽으로 향하는 둥근산 새창만디
옹기 구운 점태논
개오죽 많은 개오죽 골짜기
마을 앞 삼랑운굴에 물 긷느라
사람들 모여 들던 마을

고속철도, 동해남부철도 도로 공사로
화실마을 산산히 갈라져 흩어져
시끄럽고 산만한 마을되어
달리는 차들이 꽃을 이루네

## 새말

*

옛날에는 어떤 성씨가 살았는지 몰라도 박씨들 살다가 안심으로 갔다네 조선조 중엽에 내 건너 이씨들 새 부자가 많이 나온 마을이라 새말이라네 처음 올 때 심은 느티나무 흔적 아직도 남아 있네 서레가 걸린 듯한 곳에 막은 서리발못 파래 걸어 물 푼 곳인데 팔래걸이 하던 여덟집이 새말 사람 상대로 팔 걸고 싸움했다고 전해지고 새로 만든 논이라 납드받이라 부르고 신씨(申氏)가 살았다고 하네

**

샘도랑받이인 새도랑받이, 해가 제일 늦게 진다는 낙끝, 달이 제일 먼저 뜬다는 달들, 높이 들어앉쳤다고 들백이, 물이 늘 고여 있다고 골애, 자주 싸웠다는 사웃갓, 기장 심은 지정매, 납작한 나박등, 음달 양달 장산골

넓은 들판이 펼쳐지는 들판에

큰 강물이 흘러 큰보에
비닐하우스에 정 붙이고 사는 사람들
내 건너 경주 남산 보면 볼수록
신묘하기 그지없네

# 문바우

소 많이 맨 소맷골
나무꾼 목 축이던 함우물
소쩍새 많이 우는 솥전골음달
탕건 같이 생긴 탕간바우
바람 많이 내치는 바람내기
조리 같이 생긴 조리봉
산수유나무가 많은 산수나무골
남찰방*에 비 서 있는 비선등
빛난 할머니 묘 있는 빛난할맹미골짝
나무 태워 숯 굽은 띠알만디
느리티 넓은 바우
댕그랗게 높은 뱅강등
산짐승 모리하던 모리미기
들어 엎친 뜨런쑥
골짜기마다 사람 흔적
어디가 어딘지 알 수 없고

*찰방 벼슬을 지낸 남씨의 묘

# 도꼬불

옛날에 옛날에 나무가 하도나 많아 도끼로 찍으면 활활 꽃불같이 타올라 도깨비불, 도끼불 도꼬불로 불렀겠지. 산짐승들 눈에 불 켜고 다니면 도깨비같이 보이기도 하였겠지. 어느 철없는 임금 밤에 고개 넘어 오다 저만치 거져나무*가 하얗고 우람하게 보여 귀신인줄 알고 도끼로 마구 찍으니 산불이 났다고도 하네 산골짜기 깊어 양달갓 음달갓 사이 돌 던져 아들 낳고 딸 낳고 점치는 바위 안거다미, 방구 안소바탕 바깥소바탕에 숫돌난등에 질거러미, 속등에 북골, 소쿠리골에 새못안골, 부앵방구에 삼밭티미, 난재 넘기 어렵고 수박골재 둔옹 한여유** 전설 이어지고 남간갓에 진사 벼슬 지낸 곡산 한씨 묘 있고 화장골 깊은 골짝 이름 있건만 그래도 옛날 사람 흔적 곳곳에 남아 있네

*자작나무

**조선조 학자인 둔옹 한여유(1642~1709), 사후 사헌부 지평에 증직되었다.

# 어링이

높은 산 아래 좁은 골짜기
사람 살아가는 것 신기하네
질흙에 나무 많고 물 좋아
어리어리하게 활활 타오르는 불에
어리어리 고운 질그릇 만들어
임금께 바쳤다고 어링이가 되었는데
앞산 머리가 붕어 머리 같다고
연못 파 물 가득히 가둬두고
어연(魚淵)이라 하였다네

범이 살았다는 범바우
자주 범 나타났다는 범밭재
마을과 마을새에 있는 새뚝
말허리 같이 생긴 말허리등
안쪽 골짜기는 안골새
젊은 사람 다 떠나가고
새로 만든 새논에
늙은 사람만 남아 농사 짓네

동제 지낸 은행나무
언제부터 안 지냈는지
궁금하지도 않네

# 탑골

옛날에 옛날에
탑골 절 두응 스님 염불소리에
두 군데 못 막아 염불지라 하고
마을은 두응동이라 불렀다네
이 마을 사람들 고개 너머
못밑에 농사를 지었다지
절도 탑도 없어졌지만
지금은 서당만 남아 있네

탑 있던 앞에는 이름없는 큰 무덤
뒷산에는 민애왕릉
앞 천장봉에는 희강왕릉
두 왕릉도 탑골 절과 관계가 있겠지
순솔백이숲 앞 막고
숲 너머 불성곳이 아련히 보이는 곳
서당에 많은 문도를 길러내더니
집만 덩그러니 남아
옛날 그리워하네

# 뒷새말

화계 유의건 선비 태어나신 곳
유씨들 벼슬 이룬 유벼슬 골짜기
다섯 집이 살았다는 오방굴
물굽이 치면서 소 이룬 핑굿소에
신라 말 낙화암 전설 전해지고
불 밝히고 빌던 불선바우
비가 서 있는 비선등
새말 뒤라 뒷새말이라 하네

물굽이쳐 밀려오는 물줄기 사이
망산 줄기 뻗어 내려오는 끝에
옛무덤 큰 고인돌에 동제 지내고
넓은 갯벌에 큰강물 멀리 밀려가고
남산 마주 보며 대화하듯 정다운 곳
고속도로가 막아 답답하기만 하네
그래도 정 붙이고 사는
뒷새말 사람들

# 벤다골

고인돌 옛무덤 있는 바우골
뼈와 십이지신상 묻은 화장묘
볕 들면 따뜻한 곳인 볕다골
둥굴의 변두리라 벤다골
이런 저런 이야기 많지만
삐딱하다고 뺀다골이라고 한다네

주씨들 산이라 주산
주씨들 묘 들머리라 뚝딸미기
따뜻한 골짜기 못이라 방안지
금이 나온다는 금실
마을 안 산등이라 동네등

주산 가로질러 고속철도가 놓여
마을 앞 쏜살같이 열차 지나가지만
사람 사는 곳 이외로
따뜻하게 보이네

## 소리미

사시사철 내내 푸르른 마을 앞 소리미 솔숲에 동제 지내던 사람들, 솔 숲속에 대문 단 듯한 대문달 고개 고종연 골짜기에 팔밭 인대구리 골짜기는 어딘지 말대가리는 어떤 곳인지 고장등 옛그릇 조각 많고 댕강등 댕그랗고 땅골은 단골인데 옛 절의 단이고 시묘살이하던 시모산. 너럭바우 늘어진 바위못 물 내려 보내고 재밭골짜기에 조를 가꾸던 옛 사람들 흔적 찾아 이름찾고 닝징 찬물 나고 웝실에 옛 그릇 만들던 곳 철바우에 쇠 박혀 있고 태산은 태 묻은 곳 배 탈 물 없어 하얗게 잘 마르는 곳 찬물나는 닝징에 교천 최부자 터전 일군 국선공 묘 있는 자라등, 골짜기 잣나무 많아 잣나무골, 이런저런 이름 남아 사연도 깊네

# 두릉

둥굴 제일 아래 있는 곡산 한씨들 문중 이루고 살아 두릉(杜陵)이라고 부르네 벽도산 줄기에 장자태 만디에 둥근산 줄기 따라 내려온 천장봉 겹치고 겹친 봉우리 아래 마을 이루었다네 섶갓의 병암산 줄기가 방매덕고개, 제일 평지들이라는 평정들, 기와 굽는 윗골, 고을 원님 넘나들던 원고개, 무쇠 정자 있다고 무시밭 쇠정들, 흙 파내 토기 굽던 오부지, 흘러 보낸 물 아쉬워 도랑 파서 막은 도랑못, 화명산으로 이어져 밀개등이 밀려와 천장봉과 마주칠 듯 하다가 내가 가로질러 밀개등을 안고 곡산 한씨 종택이 자리잡고 어운골 맑은 물은 땀띠 없앤다고 목욕하던 곳 이 마을의 생명수였네 한씨 종택의 배롱나무 붉은 꽃이 만발하여 옛 정취 고이 간직하고 있네

## 망성산

형산강 기린내 맑은 물
망성산 돌고 돌아
핑구에 굽이쳐 흐르고
벽도산 장자봉 뻗어내려
망성산이 우뚝 솟고
빌고 빌어
모은 정성으로
내린 빗물
염불지에 모아
못바지 들에
뿌렸도다

# 3

## 비룡산 줄기에
## 미역내는 흐르고

# 달미

달안지에 달을 안고
최평들 넓은 들판에
산수골 도랑물 받아대고
비봉태기 복병들
달 보고 빌고 빌어
왜적 물리친 곳
오늘 따라
옛 생각에 잠겨 보지만
없어진 마을
이름만 남겨 놓았네

## 노실

임진왜란 때 격전지 부체수듬비에 굽이쳐 오다 관듬비 이루고 부처가 있던 절 아래 구비치는 물줄기 부체수듬비 이루면서 숨을 죽이고 또 한번 휘돌아 나가는 냇가에 백로가 노닐고 초가을 달빛에 갈대가 부딪치는 소리에 풀벌레 소리 요란하다

지나가는 길손
관우물에 목 축이고
까치고개 손님 맞으면
장터거리 시끌벅적하던 옛날
들 가운데 당수나무
누가 그 곳에 제사 지낼줄 알겠나
지금은 공장이 즐비하고
차들 앞만 보고 내달려 가네

# 바탕골

깊고 깊은 산골짜기 길기도 하여라 수십 번 물 건너 찾아간 곳 이곳에도 사람 사는가 했는데 옛사람들 이곳 지나며 지게 지고 쉬어가던 곳 쇳덩이 실은 소 매놓고 쇠붙이 다루어 솥 만들고 호미 낫 도끼 연장 만들어 쓰던 바탕골이라 하네 쇳물 내려가면 황어 안 올라온다는 산골이라 버림 받고 업신 여긴 곳, 산골짜기 못 막아 새도로 생겼네 삼불골에 세 불상 보이지 않아도 절터 흔적은 남아 있고 대문달고개 높기도 하여라 재 넘어가는 날 이 마을에 해가 지겠다 그래도 가야 할 길, 다리미재 잘도 넘어가네

# 재량

임진왜란 때
의병 진주한 진주봉에
사방 망을 본 사망진
밭만 있는 순박골
재 넘어 미역내로 간다고 재미골
범바우골 물대는 범바우들
복심이 깊은 골짜기 소티사람들
묘 있는 산마루는 소티미만디
재 넘어 그곳에 가면 되버린 된비리

절터에 있던 절에서
재를 지내고 재와 제물로
못 막아 재량이라 부르네
큰산에 재 많아 인재도 모여 들겠지
상여집 있던 새집걸
생이가 새집걸이 되었네

# 굴성

비룡산 끝트머리
물 휘감아 나가고
길 복판에 자리잡은
말채나무 동제신 모시던 마을

성 같이 둘러 선 등성이에, 굴 같이 깊은 골짜기에, 굴을 파고 성을 쌓듯 쇠 다루던 곳. 판자가 되듯이 큰 나무가 서 있던 판돌백이, 쇠 다루던 곳 많은 듬밭골, 황토흙 보기도 좋다고 황주골, 범 많이 나타난 범밭골, 옛날에 피도 곡식인 것을 피밥 먹어 보면 맛도 있었지 삼 많이 심었다는 삼밭골, 오방굴, 사방굴이 어디인지 알길 없어도 이름만 남아 있네

# 중말

위로 홈실, 아래로 굴성
중간에 있는 중말
골짜기 들어가면 시루골, 새들
내 건너 언덕에 홰나무 의젓도 하지
동제 지내 마을 지켜주고
인개들에 인재 많이 묻힌 곳은
둥굴 안동 권씨 무덤 많고
황소고개 흙 붉기만 하네
길다고 질고개
사당 있던 사랑메
봄날 참꽃 많이 피던 꽃밭등
삼 길러 삼베옷 만들고
왕골 길러 왕골 자리 만들던
지금은 옛날 이야기가 되었지

가는 곳마다 길낸다고
공장 들어 선다고 터 닦고
좋은 산수 자꾸 사라지네

그래서 옛날이 더 좋다는 사람들
고향 지키며 떠날 줄 모르네

## 미역골

살거내 홈실내가 만나는 돌우골 아래 멱을 감던 골짜기라 미역골에 미역이 난다고 전하네 내 건너 천념땅은 둥굴 권 선비가 묻힌 곳, 물 많고 깊은 곳에 부체수듬비 이루고 골짜기마다 농사 짓고 사람 살던 흔적 있네 감나무 골짜기에 하늘수박골, 물웅딩이에 목욕하고 안미역골에 범우독골에 범 나오고 깐치네 밭골에 까치 날아들면 속수리골 햇살 비쳐 손님 찾아 오고 불탄골에 어떤 부처님이 계셨는지 묵묵히 흐르는 물길따라 옛정이 넘쳐난다

마을앞 당수나무
보호수 비가 처량하기만 하네
마을 앞 푸른 강물은 유유히 흘러
부체수듬비 휘돌아 흘러감은
떠나가는 님을 보는 듯 하네

# 산수골

산수골은
산소가 많은 곳이라네
거기에 최씨들 무덤이 있어
옛 무덤 많은 산등성이라 줄산
밤나무 많은 밤나무골
배씨 비 서 있는 비선등
교천 최씨 무덤에
비 서 있는 산등이라
비봉태기라 부르는 곳
이 골짝 떠나갔다가
정이 들어 다시 찾아와
살아가는 사람
일하는 보람으로
사는 사람

## 전포

갯더미 이룬 내 앞
물난리에 새로 마을 이루어
새각단이라고 부른다네
남에서 북으로 흐르는 미역내
서에서 동으로 흐르는 신을내가
만나는 곳이 삼내 거랑
새로 만든 새 방천 넘어가 둘넘어
서쪽산 부엉이 많이 우는 부웅디미
왜적 물리 치려고 군사 숨겨놓은 비봉태기
최씨네 마을 앞이라 최평들
산 좋고 물 맑은 산수골에
산수유꽃 흐드러지게 피고
신을내 맑은 물가에
처자, 총각바우 옛 전설 전해주네

버드내, 밀밭 도가리, 냇가라 벌운굴
뒤는 내요 앞은 끝없이 펼쳐진 들판에
미역내 물이 흘러오면

양쪽 산이 호위하는 가운데
포근히 안기는 마을 앞으로
동해남부선 철도가 지나가
그 넓고 아득한 들판
볼 수 없어 아쉽다네

# 홈실

돌홈 걸어 물 댄 마을이라 홈실
북명사 빈 터에 탑 자리 남아 있고
돌홈 만들어 절에 걸었던 곳 있었다네
사라호 태풍에 떠내려 간 것 어쩌겠나
홈 따라 마을 이름 전해져 오네

배씨가 초관 벼슬한 배초관
신라시대 고분이 있는 고름진이
홈 걸었던 절이 있고 탑있던 탑걸이
오줌 누어 파였다는 오줌바우
벼락 맞은 벼락바우
푹 파인 호박새
말(斗) 같이 생긴 말바우
부처있는 부처디미

골짜기 들이름도 홈같은 것이 많은데
마을 앞 도로낸다고 가로막아 답답함에
꿈틀거리며 날아오는 비룡산

맷돌산 부처들이 부처님
조는 듯 늠름하네

# 너죽골

대나무 많았다는 여제
유월 염천에 지나가는
노승이 목이 말라 하는데
고개 밑 우물가 노처녀
시원한 물 바가지에
늦게 핀 댓잎 띄워 주었다네

교천갓 문파(汶坡)* 선생 묘소
돌백이 선돌 예나 지금이나 변함없고
굴미기고개 넘어가면 못골이라
큰용 발자국 있어 용마바우
큰 구멍 있는 술잔바우
깊은골 지은골 물 맞은 물탕골
골짜기마다 이름 있어도
여재 고개 물어봐도
아무도 모른다 하네

*교천 최부자 12대 최준(1884~1970)의 호, 독립운동가, 기업가, 사회운동가, 교육가 등 다양한 사회 활동을 펼쳤다.

# 시루골

큰시루 엎어 놓은 듯 시루봉
콩시루 밑에 받친 듯 체다리골
떡 찌는 채반 같다는 채반골
해거름에 어슬렁거린다는 어시렁들
국자같이 생긴 국작골
왼쪽이라 왼피골 참나무 진보
홈 달아 물 대는 홈달이

내 건너 산 아래
동제 지내던 늙은 홰나무
옛땅 이름 물어보아도
아무도 모르네
대추나무 병 들어 씨 말랐나
그래도 마당가에 오랜 대추나무 집
주인 양반 어릴 때도 그 크기였다네
시루골에 오랜 나무 있어
반갑고도 반갑네

# 못골

못 있는 골짜기라 못골, 위쪽 못은 인작, 아래 못은 천작이라 하네 인작은 학성 이씨들 막았다 하고, 천작은 양쪽 산이 무너져 내려오면서 저절로 생겼다네. 회오리 바람이 많이 이는 호두락바우, 말똥같이 생긴 말똥메, 벼락친 벼락밭골, 새가 많이 비비된다는 새비빈골, 면 소유산이라 면유름, 묘가 줄지어 있다는 줄미땅, 말 기른 말기미, 소고뚜레 같은 굴리방정, 한여름 물맞는 복심이, 마을 앞 냇가에 왕버들 마을 동신목이네 넘쳐난 못물 먹고 자라 싱싱하고도 싱싱하네

꼬도태 곧은 골
맬밭 메밀 재배하고
오방구에 빌고
돈태구당 돈치기에 바쁜 일꾼들
거무산에 나무 한 짐해 오면
어느듯 한나절 해가 저무네
못물 받아 농사 짓는 들판
언제나 언제나 풍년이 드네

# 미역내

휘돌아 나가는 냇가에 멱 감던 사람도 많았지 뚝 쌓고 들 이루어 사람 사는 곳 삐거덕 삐거덕 물레방아 돌아간다고 빽떡거리. 물 퍼서 물대는 양정들, 범바우골 물 받아대는 범바우들, 미역내 맑은 물 구비치다 부체수듬비. 들 복판 팽나무 마을신 모시더니 언제 없어졌는지 모른다 물굽이 쳐 나가다 덤벙 이루는 합수듬백이 물은 옛처럼 흘러가는데 그 물은 옛물이 아니지만 그래도 옛정은 그대로 남아 있지

물 좋고 넓은 냇가
멱감기 좋던 곳
물 짜다고 미역 난다고
미역 본 사람은 없어도
멱 감는 사람들
부체수듬비에 모이네

# 새들

중말서 시루골 돌아
들에 새로 들어선 새들마을
토박이 다 어디 갔는지 보이지 않고
백발 할머니가 반갑게 맞아주네
이 골짜기에 누가 사람 산다했는가
좁은 골짜기 농토도 적은데
그래도 옛날에 몇 집 살면서도
동제신으로 소나무 모셨는데
지금은 사라진지 오래로다
산의 맥 끝이라 맥락골
마을 앞 산봉우리라 말봉이
꽐꽐 소리 많은 꽐꽐이에
토박이 옛정은 묻어 나네

# 4

# 신을내 맑은 물가에

## 구트란

물 굽이굽이 흘러
틀려 나간 곳에
절벽 위의 소나무
푸른 절개 지켜 온
시인은 글을 짓고
묵객이 글을 쓰는 사이
학 한 마리 날아 오르면
귀인들 넋을 잃고
더 아름다운 글을 짓네
흘러간 오랜 세월
물줄기 틀려감에
그곳에 자리잡은 집
군데군데 뚫린 바위굴
옛 흔적 간직하고 있네

# 느븐드리

고인돌 넙떡한 돌무리 군데군데 있네 박달 골짜기와 빌기 골짜기 사이 땅땅하게 뻗어온 산 멈춘 양쪽으로 길게 뻗어내려온 한쪽은 구왕골 동보산에 끝을 맺어 구왕골 마을을 이루고 한쪽은 느븐드리 왕생이산 이루고 그 아래 덩이덩이 넙쩍한 돌이 무리지어 있는

호박골에 홈 파진 곳
옛 절터 석등 세운 홈이고
거기에 빌고 빌어 홈 생기니
어느 장군이 천룡산
천룡바위 보고 꿇어 앉아
활 쏘던 곳이라 전해오는 곳
큰바위는 받침돌 노릇한 것을
돈태만디 돈 놓고 빌면
불선바우에 불 켜고 빌고
옛 절터 석등 간주석 박은 돌홈이네

강씨가 살았다고 강개등산

설씨 살았다고 설가지골
윤씨산이라 윤산이라 부르고
산끝마을 왕생이들
바위가 넓다 하여 부르는 마을
안심이 내가 휘돌아 나가고
서나무 죽고 없으니 느티나무 심어
동제신으로 모시는 마을
고인돌이 넓다하여 느븐드리
보안쪽에 있는 보안바우
재등 위에 있는 재등바우
크지도 않은 바위 이름도 다 있네

# 청두말

산비탈 가파른 마을
서나무 당수나무 아래
성혈 바위 있고 돌탑 있지만
옛처럼 비는 사람 없고
믿으려 하는 사람도 없네

말 메어 놀던 말매미
곡식되는 말 같이 생긴 말바우
물길 역할하는 무질도가리
물방아 있던 물방아거리
감나무 많은 강남골
높고 푸른 등대의 마을
이 마을에 맞는
골골이 이름 있어 좋아라

산머리 푸른 소나무
봉화대에 불 올리면
마을머리 푸른 연기 보고

오늘도 마음 놓이네

옛절 있는 구절에
남자 성기 같다는 역삼에
채같이 생긴 채밭띠기에
두들에 홍두깨
이름 많기도 하네
이름 지어놓고 살던 사람
어디로 사라졌나

# 구왕골

마을 앞에 베 짜는 북바우는 고인돌, 앞들 사창들에 큰 창고가 있고 마을 뒷산 아래 큰 절태가 있네 마을 앞 들판은 알 수 없는 무덤군이고 뒷산 무덤 속에 온갖 것들 다 숨겨져 있어 왕성하네 노 부윤* 부임해 와서 더욱 풍성하게 되었네 돌 던지면 딸랑소리 내는 딸랑고개, 송아지 머리같은 돌 있는 독수골, 씨름하면 심사보던 신사동, 벼락친 벼락통, 쌀창고에 사람 많이 묻힌 사창들, 남쪽의 안쪽이라 내남골, 좌측이라 자탕골, 분지골, 북바우 다 뜻 있는 이름이네 탑신석이 가마같이 생긴 가마바우, 영검있는 바우 고당수, 옛숲에 동제 지내고 거기에 서 있는 민 부윤**의 비석은 잡초 속에 묻혔네 옛 인걸도 가고 집도 허물어져 가네

*조선조 말 경주 부윤을 지낸 노영경
**조선조 말 경주 부윤을 지낸 민치서

## 신을

물굽이 굽이 흘러오면 새을(乙)자로 보인다 물굽이 친 위는 마신이고 아래는 신을이라 지금은 매울신(辛)자 쓰지만 옛날에는 약이름신(莘)자를 쓴 것을 보면 굽이치는 새을자 물길 따라 뚝마다 풀이고 풀마다 약이로다 풀 많은 신을이 난데 없이 신을(辛乙)로 되었네 숲 우거진 들마을 내 건너 산기슭 총각, 처자바우 전설 전해지고 새직거레, 운둘막, 독새보 모두가 내와 숲 어울리는 이름이네 섬덤배기, 부웅디미, 상추보, 샘바대 듣기만해도 무엇인지 알겠네 그 좋은 숲 오래된 나무 고속철도에 바치고 다시 정한 동제목 제단석도 크고 나무숲 좋다지만 옛것만 못하다네

# 숲말

냇가에 숲 만들어
큰물 막아내고
큰물에 숲 떠내려 보내고
다시 심은 숲속에 은행나무
신으로 모시고
숲들에 숲보, 독새보
내 건너 산이요
들 건너 먼산이 보이는 마을
조선의 명필이 쓴
최효자 비각* 허물어진 채
길가에 초라하게 있네
세상 일이 다 그런 것이
우리네 인생살이
고쳐 보면 어떨까

*최치백 효자비로 원교 이광사의 글씨

# 청각골

각을 이루며 떨어지는 만채 폭포 물빛에 나뭇잎 늦게 피는 느체골 푸른 강물 흘러오다 마을 앞에서 각을 이루는데 푸른 숲에 학이 많이 찾아 오는 마을이라 청학동이라 부르네 당수나무는 냇가의 마을이라 물에 떠내려 보내고 다시 심은 은행나무 마을 뒷산에 있고 열두 개나 되듯이 많은 십이동 골짜기 싸리 베어 작업하던 살매등 마을 앞의 앞버들경 냇가에 있는 마을 앞뒤 보이는 것은 산이라 내 건너 멀리 쳐다 보는 산 험해도 옛 나뭇꾼시절 나무하던 일 생각하면 생각할수록 추억에 남네 지금은 쳐다 보아도 갈 수 없는 산들 청각골 푸른 산들이 모두가 그랬네 맑은 물 굽이쳐 각지며 흐른 곳이건만 청각 난다고 청각골이라지만 본 사람 없고 이름만 전설로 전해오네

# 수통골

물 가득 담은 물통같은 샘이 있는 마을 산골짜기에 이 샘 하나로 온 마을 사람들 살아 가고 있으니 물이 귀하다는 귀샘이라 그래서 그런지 귀하고 귀한 사람이 묻혀 있네 깊고 깊은 고개란 아홉사람이나 넘어야 한다는 아홉살이 숯굽은 숯굴배기에 무제 지냈다는 무지방골 앞산은 꽃 피는 화산이고 마을 앞 당수나무는 귀한 손님맞이하고 산골짜기 작은 마을 농토는 묵혀가고 떠나가는 사람들에 찾아오는 사람들은 무엇인지 문 같은 문바우에 서 있는 섬바우 갖가지 바위마다 다 사연이 있겠지

귀한 샘 하나로
이 마을 사람 다 살아왔느니
귀하고 귀한 샘물 받아
농사 짓고 먹고 살아왔느니

## 직통골

수통골
맑은 물 구비쳐
닥종이 두들겨
백지 만든 지통이
직통이 되었네
이제는
점점 멀어져 간
옛일이 되었네
빗고 두들기고 씻던
그 돌덩이
고이 간직하고 있는
후손이 있기에
더욱 정이 가고
옛날이 그리운 마을이네

## 숯가마골

오배들 토기 좋아 옥배로 받들고
토기 굽은 가마숯 많다 숯가마골
묘 많아 매미골에
고속철도 공사로 발굴작업하고
앞니처럼 튀어나온 앞니비알
벼락친 베락통 기와 굽은 앳골새
검고 빛나는 옥같이 고운 그릇 많이 구워낸
오배들과 그곳에 막은 오배지
목같이 생긴 목고개
기와, 토기와 관계 있는 이름 많은 마을
성부산 뻗어오다 잠시 멈칫하는 사이
그 언저리 앞은 확 트인 들판
세차게 내달려가는 고속열차
뜬구름처럼 흐르는 세월
변하는 세상 토박이들은
산밑에서 옹기종기 모여 사네

# 평지말

굽이굽이 흐르는 내는 새을(乙)자
왕생이쪽으로 물이 흘러가
위는 마신, 아래는 신을(莘乙)이라네
맏이는 아래보다는 맵다고
매울신(辛)자 쓴다네

개미각단은 내밑마을
큰길 아래 한질보
큰보 숲보 아래보 독세보 새보
갱빈 들에 나발등 서당골
모두가 물 걱정 없는 들판이라
마을은 풍요롭네

# 골안

성부산 남쪽 골짜기
안쪽 마을이라 골안
앞은 못물이 유리알처럼
맑게 비치는 가운데
유리 만들던 정골
밥부제산에 주개등
번개등에 긴미떵
좁은 골짜기 팔밭 이루어 살던 곳
화실로 넘어가는 화실고개
그곳에 화실 골짜기
냄비로 넘어가는 냄비고개
냄비골 또 하나의 고개는
질매재라 하네
골짜기라 고요한가
고속철도가 세차게 지나가
시끄럽기도 하네
그래도 살던 곳 버릴 수 없어
살아가는 사람들

## 쇠비산

성부산 등줄기 뻗어 나와 넓은 들판 힘차게 내달리는 소꼬리 치켜 들고 가듯 묘하게도 생겼네 갬디미서 보면 쇠비산 뒤에 성부산 꼬갈 쓴 듯 반대편 둥굴에서 보면 넙쩍 번철 뒤에 성부산 꼬깔 쓴 듯 이리하여 성스러운 산이네 쇠비산은 소꼬리산이 아니라 동쪽 끝이 아닌가 동쪽으로 힘차게 내달려 가 나팔같이 생긴 나팔산이라고도 하네 목고개 넘어 벼락친 벼락통, 샘바대 샘물 받아 농사 짓는 곳 쇠비산 모퉁이 동보 거랑 끝 마도랑으로 이어져 넓은 들판 이루었네

# 양지말

뒤는 높은 산
그 아래 냇가에
진풍산 바람 막아주는
양지 바른쪽에
옹기종기 모여 양지말
옛 고가 오랜 향나무
솔온골 소리미쪽으로 이어지고
초막골 시묘살이하던 곳
맹맹소리 요란한 맹맹골
앞냇물 봄빛에 버들가지 춤추고
뒷산에 새소리 들리는
언제나 따뜻하게 보이는
양지마을 사람들
덕골에 북당골 기린재 넘던
옛날이 그립다

# 구일

들판에 동그란 산 하나 동메라 부르네 거북 같은 산이라 거북이가 길하게 산다는 곳 구일, 황물 먹으면 구일만에 병이 낳는다는 마을 신당내 고인돌은 신의 땅이었네 장군혈등에 활구불등, 쌀방산은 옛 장군들이 남긴 신의 이야기. 황씨들이 일군 황가밭골, 멸치다닌다고 매래치골, 소스라치게 찬물 나오는 소새벌, 숫돌 나온 숫돌고개, 마을 앞 냇가 말채나무 동제신으로 모시고 들 아래서 쳐다보면 하늘처럼 높은 구천의 세계. 평온함에 예스럽게 살아가는 사람들 보면 그리운 곳 살고 싶은 마을이로다

# 남성미

성부산 남쪽 끝자락
길게 늘어진 마을
산 끄트머리에 바위 있고
많은 별들 살다가 묻힌 곳
남쪽 끝의 별이다
모래로 이룬 들판 모래뻘
마을 들판 파면 팔수록
옛 무덤 흔적이 나오네
강씨들 살던 강개울 골짜기에
기마인물상이 나와
모든 사람 놀라게 했네
냇가에 왕버들, 팽나무 마을 지킴이
도로 낸답시고 왕버들 없애 버려
옛 정취 아쉽고 그립네

## 안심이

옛날 난리통에 피난 오다가 청두말 봉호골 흰 연기 보고 안심하던 안심이. 강기당은 강씨 살던 곳 마당재 넓은 고갯마루 덤밭골 들어 얹친골 범정골에 범 나오고 긴등성이 장등골 골짜기 벗 삼아 안심하게 살던 곳이란다 늘복골 넓은 골에 정 붙이고 맹맹바우 맹맹 울던 산비알 매일 매일 오르던 옛날이 그리워라 붉은 흙속에 황제 같은 사람 많이 묻힌 황제봉 태묻은 태공봉 마을 뒤 대나무 많은 후주봉 가마같이 네모진 가마바우 안심하게 살라고 전설 이어져 오는 마을. 꿈같은 옛날이어라

# 5

# 봉동산에
# 밝은 닭 울면

## 매태

매가 많이 날라와서
터잡은 매태
산더미 등성이 뻗어오다
매같이 날카롭게 반듯반듯한 곳에
집들이 옹기종기
내 건너 앞산은 큰 음달
부지깽이로 불 때듯 깊은 부지골
얼개번덕에 도둑골
산수나무골에 삼밭고개
모두가 뜻 새기는 이름 벗 삼고
골골마다 땅 일구고 사는
소박한 사람들

# 빌기 학동말

단석산 돌 자른 듯한
신라적 화랑들 심신 수련하던
화랑골이 화장골이 되고,
처음 훈련하던 나작골
훈련하며 빌던 절은 어데 가고
절태만 남았네

푸르른 들판
한가운데 흐르는 냇가에
자리잡은 마을
닥종이 지통으로 삶의 터전 이루었는데
지금은 흔적없이 사라졌네

사방 보이는 곳마다
다닥다닥 붙은 다락논으로
옛 흔적 남긴 마을
가뭄에 가매바우에 무제 지내면
물바우에 물이 가득 차고

학이 많이 날아오는 산 있어 학동
일제시대 난데없이 비지리라 하였으나
지금 와서 학동길 되찾은
빌기 학동마을 사람들

## 원박달

새벽 알리는 닭같은 봉동산
밝은 닭 울면 아침해가 뜬다고
밝닭이 박달이 되었다네
박달이 행정 구역으로 여러 곳이나
본래 박달이라 원박달이라 하네
물속에 잠긴지 수십년
봉동산에 해 뜨면
물 위에 비치어 더욱 빛나는 마을
없어진 마을 찾을 수 없고
옛처럼 불리우는 땅 이름 찾아보니
이마 같이 툭 튀어나온 이망받이
성스런 성지골 수렁의 시북들
사기굽은 사기디미 들어만 보아도
옛정 새롭지만 점점 잊혀져 가네

# 샛골

원박달 큰골과 빌기쪽 큰골 사이 좁은 골짜기에 있는 마을이라 샛골이라 하는 사람도 있고, 산골이라 새가 많은 마을이라는 사람도 있네 지게 지고 지나가는 한 노인 하시는 말씀 "새같이 생긴 산의 뒤라 새골이라고 불러야 한다"고 하였네 좁은 골짜기 들어서는 굴같다는 굴머리, 언덕배기 비탈에 산 아래 골짜기 한적한 곳에 자리잡은 당수나무 언덕에 떨어질듯 버티고 있네 손방향으로 묘 있다는 손씨 방산, 기와 굽던 개골새, 잡곡 재배한 작골, 사람 사는 곳마다 노는 곳 있기 마련인데 편편한 미땅에서 많이 놀았나 새보다 짐승 많아 울삼아 막아 놓고 지키고 있는 마을 개울물 흐르는 곳에 달빛 곱게 비치네.

## 돌꼬지

거대한 산더미
느릿느릿 뻗어내려오는
중간 산비알
좁은 골짜기
돌틈에 이루어진 마을

분등에 풀베다
목 축인 굴운굴
학동들이 글 읽다
목축인 서당운굴
마을 사람들
무병장수하는 향나무운굴
더위 식혀주는 산수골 찬운굴

따가운 햇살 숨을 죽이는 사이
가파른 산비알 틈틈마다
꽂힌 돌이 하도 많아 꽃처럼
아름다운 돌꼬지라네

# 점말

윗깃당에 기와 굽던 굴이 있어 점말이라고만 전해 오네 옛날에 쇠를 다루던 곳이 있었는데 솥도 만들고 낫도 만들어 점말이라고 했다네 오래된 고목나무 태풍에 떠내려 보내고 아쉬움에 다시 심은 귀목나무에 마을 사람들 모여드네

등굿방구에 빌고
산수골에 산수유나무 많았고
달애비알 다래덩굴 많기도 하네
설칭이 물은 서늘하고
술래태는 수레 다닌 터이고
파래웅탕 팔팔 끓는 물
논농사, 밭농사 많지는 않지만
일년 내내 바쁘기만 하네

# 윗고사리

높은 산마루 이 보다 더 높은 마을 있는가 그래도 물 있고 사람 살만 하기에 살고 있었지 청두말 봉화대에 불 올리면 이 마을 뒷산에 청부러지 말 키워 왜적 물리치고 시뱀이골에 뱀처럼 시름시름 왜적 물러가면 용시디미 깊은 골에 용이 나오고 나발등에 묘 쓰면 나발 잘 부는 자손이 나온다지 높은 산속에 명산이 있어 이름 높은 유 선비* 묻히어 쌍학골 전설 이어지는데 오늘도 이곳이 좋아서 살아가는 사람들 보면 언제나 행복해 보이네 높은 산 고개마루 서나무에 동제 지내왔는데 지금은 안 지내고 있지만 그래도 서나무숲은 잘 이루고 있네 높고 높은 산마루에 이루어진 마을 어찌 살아 가느냐 그래도 물 있어 논농사 짓고, 넓은 밭 있어 채소 농사 지으며 별탈없이 살아가는 사람들 있네

*화계 유의건

## 아랫고사리

골짜기 깊숙한 마을 괘밭도 골짜기라 하는데 골짜기보다 더한 산마루 높은 마을인가 보다 왜적이 쳐들어올 때 횃불 올려 사람 안심하게 한 곳이란다 처음 들어서면 마당처럼 밟는다고 마당미기 제일 바깥에 있다는 바깥마을 산마을이라 꿩 많은 꽁오골 계단식논 정상이라 정식이, 실같이 가늘게 하늘로 치솟는 바위가 있는 논들이라 실두발, 눈물같이 물이 떨어진다는 눈물바우, 구석진 곳의 논은 구정논띠기, 이 산마루 마을에 어찌 사는가 싶지만 그래도 정 붙이고 살면 어디든지 다 좋은 것을…….

마을 뒤 솔숲에 소나무 죽고
어린 느티나무에 동제신 모시네
큰 소나무에 지냈으면 좋을 것을
지금은 어쩔 수 없고
언덕 위에 집들 다닥다닥 붙어
어딘가 따뜻하게만 보이네

# 도진뱅이

화살 맞은 화살바우 지나 살방 모랑지 지나 언덕 위에 있는 마을 높고 깊은 산속 거대한 돌더미 바위가 진지를 이루는 곳, 천길 낭떠러지 병풍처럼 펼쳐진 친지바우 뱅뱅 돌아가는 도진뱅이 돼지방구 돛방이 있어 도진뱅이, 어쨌던 돌 많고 큰바위 많은 곳 어린 남매 데리고 살러 가다 죽은 남편 나타나 새가 되어 날아가서 각시바우되고 관바우되었다는 도진방, 고개마루 범에게 죽은 남편 시체 되묻은 메지골 전설은 유명도 하지 돌더미 사이 흐르는 물에 닥풀 씻어 종이 만들던 지통거랑, 교천 최부자 가는 곳마다 논 있고 산 있어 교천갓, 교천들이라 불렀지 갈모같이 생긴 갈미봉, 낮은 곳은 논이요 더 높은 곳은 밭이라 땅 파고 먹고 살기 위해 한 뙈기 두 뙈기 일구며 살던 언덕 위는 집 강아지 주고 샀다고 강생논도가리, 흉년에는 목숨 부지하기 위해 살았다지 동제 지낸다고 마을 앞 숲속에 제단 만들어 마을의 편안함을 빌던 마음 모두가 산비알에 살지만 행복해 보이네

# 양삼

괘밭서 흘러오는 물 굽이굽이 도진방 높고 깊은 골골이 물 모아 원박달 못에서 숨을 죽이면서 쌀방 모랑지 거쳐 쌀방듬백이 흐르는 사이 샛골에서 흘러와 공씨내들과 당수들판 돌아 흘러흘러 산끝머리 삼각산 아래 이르면 빌기, 반탕골 물이 돌꼬지 물이 점말서 만나 설칭이 매태 거쳐 지내설을 지나서 삼각산 아래서 양쪽 물이 만나면서 물줄기가 셋을 이루네 물과 물 사이 산 아래 이루어진 마을 양삼 양갈래 물 사이로 땅땅하게 내미는 땅등, 김씨들이 처음 정착한 김가나무골이 징개나무골이 되고 목같이 긴숲이 있는 고개는 목림이라 찬물 나는 찬물내기에 목 축이고 화살 맞은 화살바우 있는 모랑지는 살방모랑지라 위진장수 지나간 위진골에 옛전설 전해지고 한적한 한적골에 슬픈 피리 소리 들리고 높고 큰 한산골 달맞이하던 달비알 나비 같이 펼쳐진 나부등 방아같이 생긴 돌들간은 방아들간이라네

## 반탕골

말 엉덩이 같이 생긴 바위 등성이에 떨어지는 물줄기 말오줌바우 폭포라 하네 폭포 아래 움푹 패여 듬백이 이루어 경치 좋아 신선이 놀다간 자리 한때는 선녀 같은 여인들이 여름이면 목욕 즐기던 곳이라네 산줄기 뻗어내려 번디기 이루다 움푹 파인 냇가에 자리잡은 마을 윗운굴, 복판운굴, 아래운굴도 푹 파인 냇가에 있고 당수나무는 귀목나무로 크고도 우람했으나 새마을사업으로 길낸다고 없어진지 오래이다 경주부 아닌 산내 넘어간다고 부니미라 부르고 분처럼 고운솔 돋아나는 분솔밭은 옛 화랑들 무덤아닌지 모르겠네 이씨네 문중산인 이뭇갓에 제공마을 무등대 무제 지내면 비 내려주고 사람 사는 곳 푹꺼진 냇가에 또 푹 파인 우물 윗등 뒤에 산이요 앞등대 높은가 싶은데 올라보니 넓고도 아득히 멀리 보이네.

단단한 바위 절벽 위에
물비침은 여자의 음부라
꽃보다 아름다웁게 보인다 하여

꽃바우등대 마을에 보이면
이쁜 처자가 바람 나 달아난다 하여
울섶으로 나무 심었으나
누군가 묘 이장하고나서
함박꽃 피었더란다

# 사태골

산사태진 아랫 마을
사태골이라 부르는 곳
절터 아래 마을이라고도 하네
절태골, 큰절골, 작은절골
큰 절태귀미 작은 절태귀미
듣기만 해도 절태 마을인 것을
이렇게 작은 마을에
좋은 소나무에 동제 지내주고
태중 중고개 길고도 먼데
오가는 길은 끊긴지 오래고
얼키고 설킨 덩굴 속에
옛길도 찾기 어렵네

높고 깊은 산 아래
누가 사느냐
그래도 사람 살고
논도 밭도 있다

# 안마을

아랫고사리 안쪽
언덕 아래 푹 꺼진 곳에
옹기종기 살고 있네
숲과 계곡이 어울린 곳
홈 같이 푹 파인 홈골
마을 뒤 언덕은 등대배기
흙 붉은 뻐당골
쇠다루던 중점
가장골 솔두백이
아무나 살 수 없는 곳
살던 사람이나 살지
어느 곳이나
오래도록 정붙이고 살면
살 수 있는
아름다운 곳이로다

# 괘밭

솥 만들고 홀정 쇠 만들던 곳, 솥을 건다고 괘밭이라 부른다지 흔히들 연장 만들며 불구덩이 쇠 다룰 때 훠훠 젖는데 이것 보고 갠다고 하니 개발이 되고 한자로 걸괘(掛)자를 쓴 것이란다 쇠다루던 곳은 점, 논은 점논, 내 건너는 점건너라 부르네 돌쇠밭 만디, 쇠골, 연림백이 모두가 쇠 다루던 때의 이름 같네 마을 뒤 돌탑은 삼남매가 와서 돌을 주워 내는데 범이 와서 누이 동생을 물고 갔다네. 그래서 돌무더기가 세 군데 있는데 누이 것은 적다고 하네 괘밭 마을엔 지금은 쇠는 볼 수 없고 논농사, 밭농사에 소 먹이는 일뿐이네

# 6

# 국당 어디
# 영묘사가 있었을까?

## 식혜골

문뜸은 문이 떡 열린 곳, 육부촌장 모여 박혁거세를 왕으로 시킨 양산대. 시킨이 식혜로 변했다고 하고, 또한 도승 식혜가 살았다고 식혜골이라 덧붙이네 곰곰생각해 보니 어느 것이든 식혜란 말 재미있네 세 신이 살던 신삼만디, 안정된 곳이란 안장골, 영험하다는 바위덩어리에 동제 지내는 마을이네

김호 장군 살던 집
신라적 오래된 우물
양산 언덕 너머
아련히 보이는 옛집들
들판에 자리잡은
고요 속에 깃든
아! 찬란한
역사의 마을

## 유적 속의 황남동

높고 낮은 고분과 고분 신라의 무덤군 흥륜사 옛절터 흔적도 희미한 채 명문기와 나와도 혼란스럽다 설 많이 간직한 영묘사 명문기와 나와도 믿어주지 않고 영흥사는 추측만 할 뿐 담엄사 절터 탑은 어데 갔는지 마을 이름만 전해오네 모두가 신라 칠처 가람 속에 들어가니 성지 속의 성지로다. 물 맑은 문천 모래 거슬러 가고 사정동 물 바로 모래 바로 탑리 탑보다 오릉이 더 빛나네

남자신 남산의
굴곡 많은 바위골짜기
여자신 망산쪽
언제나 푸른 기상,
벽도산 줄기가 망산 끌어안고
고요 속에 흐르는 강줄기마다
옛정이 서려 있네
남산 기슭의 수많은 전설 속에
신라는 건국이 되고

분주하던 옛터
고요 속에 텅 비어 있네
살아가다 비켜 가는 오늘
옛자취 그리움 속에
깊어가는 곳이로다

# 배리

삼릉 골짝마다 수많은 부처님
냉골 관음보살, 웃음 머금고 계시네
한 도승(道僧)이 장삼 속에서 꺼낸
작은 짐승이 큰 사자로 변하자 올라 타고
유유히 사라산으로 들어가 버렸다네

선각육존불 여섯 부처님
서로 밝은 모습 보기 좋고
석불좌상 깨어지고 코 문드러진 건
다시 붙이고 일으켜 세워 놓고
영험 얻은 상사바위
명문 새겨두고 냉골 높은 봉 아래
세 왕릉*에 빌고 가는 사람 많고
옥보고 가야금소리
온 천지에 퍼져 나가네

*신라 제8대 아달라, 제53대 신덕, 54대 경명왕릉이 있다.

## 남간

남간 마을에는 박혁거세 알에서 태어났다는 나정, 육부촌장이 의논한 양산대, 문이 처음 열린 문뜸고개는 신라 역사 문이 열린 곳이네 창림사는 서라벌 첫 궁궐지 무너졌으나 번듯하게 다시 세워졌네 추사 선생 창림사비 쌍귀부 보았다는데 비는 어데 가고 쌍귀부만 남아 있네. 남간사 절이 있을 때는 우물과 당간지주 절 강당터에 막은 강당못, 명랑법사 전설 전하는 금광사 터에 막은 금광못, 절 당간지주에 덕을 건다고 덕걸들이라 하였네 남간사 터가 있어 남간, 월성 남쪽이라 월남이라 부르네 댕댕이 덩굴이 많은 댕댕만디, 동제 지내는 홰나무 골목 언덕에 비좁고 옛 역사 돌아보니 고풍스런 것 고맙고 또한 고맙네

# 포석

왕족과 귀족 놀이터인 성남이궁터 포석정이 있는 마을 후백제 견훤의 습격으로 경애왕이 최후 맞은 곳 오늘도 물 굽이굽이쳐 흐르는 돌틈마다 사연이 깃들고 옛날이 그리워 다시 찾은 부엉골 황금바우 부처님 빛나고 뾰땅만디 탑은 더 높아 보이네 윤을곡 부처님 끼리 속삭이고 큰넘비 작은 넘비 큰백시 작은 백시 다 뜻 있는 곳 상실 높은 골짜기에 소 부리고 농사 짓는 사람들 포석정 느티나무에 마을제 올리면서 옛 전설처럼 살아가는 사람들 늠비봉 높은 곳에 높다란 탑 우람도 하지

서라벌이 훤히 보이는 곳
부엉골 황금부처님
늦가을 황혼빛 낙조에 빛난다
골골이 전설 있고 어디를 보나
아름다운 곳이로다

# 국당

신라 때 나라를 위해 죽은 이들 위해 재를 올리던 영묘사가 있던 마을, 나라의 당이 있고 재를 올린 국당 마을이라네 흥륜 들판에 물이 합쳐지는 합수거리 흥륜들에 흥륜사 어딘지 나라 위한 사람 제사 지낸 영묘사 명문 나왔지만 아무도 안 믿네 지금도 그 절터에 옛 이름만 자꾸 떠오르네

# 사정동

물은 바로 흐르는데
모래는 꺼꾸로 올라 간다는
모래로 이루어진 남천내 지나
물도 모래도 바로 흐르는
냇가에 자리잡은 사정동
천경림 흥륜사 삼기천 영흥사
사천미 영묘사
신라의 칠처 가람* 중의 하나로다
수많은 전설 간직한 채
변하는 세월 속에 묻혀만 가네

활대배미에 서당터
참새미는 사정 토박이들은
다 알고 있는 것
세월이 흘러 허물어진 것
조선시대 매월당 김시습
영묘사 목탑 보았다고 하네

쉼없이 세월이 흘러
철도역도 있다가 없어지고
지금은 학교가 있고 해도
도시 속의 고요한 마을이네

*『삼국유사』에는 서라벌 왕경에 흥륜사, 영흥사, 황룡사, 분황사, 사천왕사, 영묘사, 담엄사 등 일곱 가람이 있었다고 한다.

## 탑리

담엄사 절터, 거기에 탑이 있어 탑리라 하네 절터는 어디며 탑 자리는 어딘지 알 수가 없네 옛부터 불려오는 마을 이름만 전하네 탑보다는 오릉이 있어 능말이라야 되지만 입에 익은 것 하는 수 없네 귀신 두두리들이 놓았다는 귀교 앞들이라 귀들이 구들이로 불렸네 물 대다 살인사건 나서 고을원님 모셔 놓고 똑같이 물 대려고 동태같은 바위 갖다 놓은 동태, 돌뱅이 모래를 실어 붙인 물개실, 모래더미로 이루어진 사디기, 본래 탑리 동제목은 느티나무, 갈참나무 한 그루씩이라 도시는 도시라지만 시골과 마찬가지네 귀신 많은 구들이들 오가는 차소리에 귀신도 도망가는데 오릉에는 왕귀신들이 묻혀 있네

# 도초

옛 사람들 망산 뒤라 뒤치미, 요즈음 와서 풀 많은 도초(道草)라 부르네 뒤치미도 맞고 도초도 맞네 어링이 화실 동굴에서 토기를 만들어 새말을 거쳐 도초 거쳐 갔는 것이네 큰냇가 나물 많은 채봉뚝, 갯들, 갯보준아리들 땅 이름들이 많네 옛사람들 무엇으로 마을의 단결심을 이루겠나 줄다리기, 달맞이, 동제, 두레 등의 놀이로 마을 사람들을 모으고 있으니 말일세 신라적 경문왕 귀가 당나귀 귀 알린 복두장수의 전설 도림사는 어디일까 숲인 것을 도초라는 말과 딱 맞는 도림(道林)인 것 아닌가 그래도 옛 도림이어서 망산숲 아래 마을 이루었다네

# 율동

밤나무가 많은 마을이라 율동
가실과 설처녀의 전설이 전해오고
염불지와 망산의 전설이 전하는 마을
신라 도성서 보이는 산 아래
바깥 못가의 마을
못 아래 큰들에도 구석구석 이름 전하네

큰샘이 있는 대새미
말방태 말 훈련시킨 곳이라
헛골은 흙 파낸 곳
준아리. 이무리, 샛가리, 야꾸밭, 홈걸이
논뙈기 많다고 망산다랭이
율동 마을 뒤 소나무산의 끝이라
솔끝에 들판은 솔넘들

마을 앞 들판 넓어
가뭄에 목 말라
망성산에 기우제 지내다

염불지 막고 물 가득 채워
못바지들에 흘러보내
변치않는 풍년 들판
바라보는 마을이 되었네

# 못안

못안 마을 사람들에게는
염불지가 정원이고
망산이 안산이니
염불지 안쪽에 있는 마을
윗각단, 아래각단, 뒷각단
잘 나누어 부르는데
자래등 같은 등성이 위에 있는
바위를 자래바우라
여우같은 간사스런 산봉우리에
바위가 많다고 예수바우
옛무덤 많은 능밭줄기
큰못 안에 흙이 채인다는 못체
나뭇꾼들이 지게 받치고 쉬면서
담배 피우던 담배구딩이
이제는 흔적조차 없네

옛날 둥굴로 넘나들던
술구름고개 못안고개 원고개

술구름고개 원고개
학교 다닐 때 못안 고개길은
사람 많이 다니던 곳
지금은 다니는 사람이 없네

## 선두말

모량내, 기린내가 만나는 곳
말 그대로 내의 선두
섬뚝 마을 같기도 하네

물이 합치는 합수나달에
큰물을 거니는 장수나달
냇가에 밤나무가 많은 밤숲
둥굴, 율동, 화실 사람들이
경주장 보러 다니던
장나들이 길도
들판에 있었네

뒤는 듬백이 이루는 내
앞은 확트인 들판
지금은 도로가 가로막아
쌩쌩 차가 달리네

# 당미기

당이 있는 들미리 마을
1960년대 중반까지만 해도
오래된 큰 느티나무에
당집 지어 신 모신 곳

임무리 봇물이
은하수처럼 흘러내림에
끝없이 펼쳐진 들판
흐르는 봇물
율동 못바지들까지 이어졌네

칠월 칠석날
은하수 건너
견우 직녀 만날 때
동제 지내는 마을이라
당미기라 부르네

## 매바우

매같이 생긴 매바위에
매가 자주 와서 앉았다네
경부고속도로가 나기 전에는
염불지 큰못도랑뚝에 떡버들 다섯 그루
거기에 동제 지내왔으나
고속도로 때문에 나무가 베어지고
마을 앞 소나무에 지내고 있네

남가래, 북가래, 솔넘가래는
그쪽 갈레의 들이고
샘배미, 독새배미가 있는가 하면
십리바우 용맺골, 도둑골 등도
고속도로 때문에 없어진 곳이로다

매바우는 마을 상징
지금은 어데간지 몰라
그리움속에
옛 추억 더듬어 보지만

하루가 다르게 바뀌는 세상
어쩔 수 없다네

# 두대

동서남쪽 산이 둘러 서 있고
북쪽만 트인 두대마을
동쪽산 기슭에
성주골 마애삼존불 부처님
신라 천년의 웃음
서쪽 벽도산 마애불
목이 긴 것은
멀리 보는 기린의 모습으로
이 마을 지켜 주네

기차 통학하던 학창시절
매일 매일이 마을 율동역에
들판 이어지고
큰 냇물 흐르는 마을
하루가 다르게 변해만 가네
우리들의 정이 깃든 마을
지금은 옛 이야기가 되었네

| 해설 |

# 발품 삼십 년, 그 공력의 시

박진형(시인)

1

나는 권순채 시인과 중학교 동기이다. 1967년 모진 겨울 바람이 귓전을 때리는 북천 건너 알천 냇가에 터잡은 신라 중학교, 신라 6부 촌장들이 알천 냇가에 모여 화백회의를 열고 박혁거세를 신라 초대임금으로 추대했다는 그 알천에 자리잡은 학교이다. 신라는 2천년 전 최초의 민주국가였던 셈이다. 세계 어느 나라 역사에도 그렇게 임금을 추대했다는 기록을 본적이 없다.

권순채와 나는 1학년 때 같은 반이었다. 그는 율동에서, 나는 아화에서 3년간을 대구방면 기차통학(일명 대통)을 함께 하였다. 나는 중학교 2학년 때부터 시에 바람이 들어 시인이 되는 게 유일한 꿈이었다. 그러니 3년 내내 통학열차를 타고 짜투리 시간에 시집과 소설 등 문학책만 읽다가 졸업하였다. 중학교를 졸업하고 곧바로 대구로 올라왔고, 그와 오랫동안 헤어졌다.

우리는 쉰이 넘어서야 다시 만났다. 나는 신춘문예를 통과해 시인으로 등단을 하였고, 그는 고향에서 농사를 지으며 토박이 땅이름과 전설을 찾아다니는 향토사학자로 메스컴에 자주 이름이 오르내렸다.

경주에서 활동하였던 박재호 화백은 "양지 마을 백학노인/부처님 땅 노래하며//음지 마을 햇빛 노인/우리 글 자랑하고//둥굴 마을 권씨 도령/토박이 말과 땅이름,/노래하고 찾아내어/논밭에서 글을 쓰니/기이한 삼걸일세"라고 쓴 적이 있다. 백학머리에 흰두루마기가 트레이드 마크였던 고청 윤경렬 선생은 함경도 개마공원 주흘 사람으로 20대 중반에 개성을 거쳐 경주로 와 평생 신라정신을 찾아다녔다. 신라 토우를 만들면서 경주어린이박물관학교를 이끌었고, 600번 이상 경주 남산을 오르내리며 『경주남산 겨레의 땅, 부처님 땅』을 펴내기도 하였다. 최햇빛 선생은 한글운동에 앞장 섰으며, 둥굴마을 권순채는 토박이 말과 땅이름을 찾아 다녀 경주의 '기이한 삼걸(三傑)'로 부른 것이다.

나는 고백하건데 회갑 때 펴낸 시집『고마 됐다』의 단초가 되었던 시를 보자.

둥굴마을 솔안각단 권순채는 조선딱종이 같은 사람,
어릴 적부터 설핏한 눈으로 구름술패랭이하고만 놀았다

육십 평생 경주땅 한 발짝도 떠나지 않은 농사꾼, 벼농사
보리농사 밀농사 콩농사 자식농사 틈틈이 고분발굴현장
잡역부로 떠돈다 소형 오토바이 타고 내남면 홰나무거리
술구름고개 질매재 아랫서나무백이 새앙만디 장자태 봉
화태 복판등 분등 물밤번디기 장수미 예수바우 여심이
느븐드리 무지태 자트락길 불이 나케 부르릉거리고 다닌
다 아무도 거들떠보지 않는 신라 입말 주워다 공책 속에
채곡채곡 알곡 채우는 일, 그 중 큰 농사로다

—「신라 입말을 찾아서」 전문

화자는 둥굴 마을 솔안각단 권순채이다. 그는 고향의 등 굽은 소나무로 한 발짝도 내남 지역을 벗어나지 않고 일관되게 토박이 마을을 찾아다니며 자료를 모으고, 마을의 뿌리를 찾아 책으로 엮어 내었다. 그 첫 결과물로 『토박이 땅이름』(그루, 1993)과 증보판 『토박이 마을 땅이름과 나무』(리얼북스, 2017)를 펴냈다. 신라의 입말과 고향의 정신을 찾아서 지킨 그의 집념과 열정 앞에 나는 저절로 머리가 숙여질 뿐이다.

2

그럼, 권순채 시인의 시를 따라가 보자.

장자테 만디

장자가 심었다는 서나무
비바람 눈보라에도
꿋꿋이 수백 년도 더 살아
사방 팔십리에서도 보였다 하네

하루밤 몹쓸 바람에
아름드리 서나무 힘없이 넘어지고
새로 돋아난 움초리
또한 수 백년 더 살아
사방 팔십리에서 보이거라
—「장자태 서나무」 전문

사방 팔십 리에서도 보인다는 장자태 서나무는 실재의 나무가 아니라 문학적 상상이 빚어낸 허구의 나무이다. 상상력이 빚어낸 신화의 나무, 수백년 전 장자가 마을을 처음 열었고, 장자테 산마루에 심었다는 서나무는 장자에 대한 믿음이 지역민들의 의식 속에 깊숙이 잠재되어 있을 것이다. 여기에는 아기장수 전설에 대한 믿음과 상징의 또다른 변형으로 장자테 서나무에 투영되어 있다. 사방 팔십리에서도 보일만큼 큰 나무라는 그 생생한 이미지, 장자테 산마루에 서서 수백년 동안 꿋꿋하게 살아남았던 아름드리 서나무는 이 땅에 발붙이고 사는 사람들의 영혼과 신성(神性)에 대한 믿음이 스며있다 할 것이다. 어느 해 몹쓸 태풍에 단숨에 쓰러지고, "새로 돋아난 움초리/또한 수 백 년 더 살아/사방 팔십리에서 보이거라"는 희원(希願)을 담고 있다 하겠다.

권순채 시인은 경주시 내남면 이조 갬디미에서 농사나 일용직의 시간을 내어서 자전거로, 때론 소형 오토바이를 타고 내남 곳곳을 누비고 다니며 동네 늙은이들을 붙잡고 마을의 유래나 입말을 찾아 채록하였다. 아무도 관심을 가지지 않았던 향토사의 중요성을 깨닫고 말의 보전과 역사성을 따져 기록해두었다.

토박이 땅이름과 사라져 가는 방언과 전설을 30여 년 간 직접 발품을 팔면서 사라져가는 말과 마을의 풍광을 아쉬워한다. 거기에 문학적 상상력을 보태 시집 『신라 토박이 땅이름』을 펴낸 것이다. 이것은 한 마디로 사방 팔십리에서도 보이는 장자테 서나무의 옹골찬 정신이 아닐까?

3

한 사람이 살아가는 장소는 자신의 감각 기관이 일상적으로 작동하는 먼 곳에 있지 않다. 지금, 여기, 이곳에 구체적으로 존재한다, 시인은 모름지기 사물이나 사상에 대해 냉철하고 살아있는 눈을 가져야 한다. 왜냐하면 시인은 시공간을 초월해서 보편적이며 보다 근원적인 생에 대한 욕구와 공감, 열정을 품고 있기 때문일 것이다.

우리에게 문자가 없어서 입말만 존재하였다. 비로소 뜻글자인 한자가 전해지면서 비로소 문자화되었다. 통일 신라 이전부터 당나라의 선진 문물을 받아들였다. 당나라로 유학을 떠났던 식자층인 스님들이나 귀족의 자제들이 유학을 마치고 귀국하여 당나라의 제도와 문물을 빠르게 전파하였다. 한적(漢籍)과 불경을 들여와 문자로 기록하였고, 신라의 정신을 보다 체계화하였다.

정호완은 『우리말의 상상력』에서 "경덕왕 때 인명 · 지명 · 관명을 한자식으로 모두 갈았다고 하는 데, 예를 들면 사람의 이름을 석 자로 짓는다든가, 땅 이름을 '—주(州) · —군(郡) · —현(縣)'을 붙여 고친다든가, 한자의 소리만을 쓴다든가〔音借〕 하는 식으로 새롭게 고침도 일종의 유추현상으로서, 언어의 모양을 바꾸는 데 큰 영향을 끼쳤다."라고 적었다.

과거와 현재, 미래를 살아가는 영속적인 인간의 삶 속에서 언어란 항상 변할 수 밖에 없다. 말과 언어는 결국 그 시대를 반영하는 정신이다. 그러나 언어의 변천 속에서도 지명은 행정적인 문서와 기록으로 그대로 존속하는 경우가 허다하다. 지명은 그 지역의 문화를 반영한다. 거기에는 아름다운 오랜 세월을 비켜간 우리 입말들이, 토박이 방언들이 존재한다. 이것은 모국어의 소중한 유산이다.

또한 조선조 세종대왕의 한글 창제로 우리의 언어체계와 문자의 대혁명으로 일대 변혁을 맞게 되었다. 뜻글자인 한

자와 달리 소리글자인 한글은 모든 말의 소리 형태를 문자로 기록할 수 있다.

우리의 입말로 존재해 오던 지명이 비로소 한글 표기로 가능해졌다. 고래로부터 입에서 입으로 전해져 오던 입말이 소리글자인 한글을 만나서 비로소 문자로 정착되었다. 이것은 역사적 사건이다. 그간 뜻글자로 표현할 수 없었던 입말들이 비로소 소리값을 가지게 되었다.

우리의 소리글자인 한글은 세계의 어떤 말도 다 문자로 표현할 수 있다. 언어학자들도 가장 과학적인 언어로 한글을 꼽고 있다. 문자가 없는 인디언들의 난해한 말까지도 한글로 표기할 수 있다.

권순채의 시집 『신라 토박이 마을』에는 수천 년을 견딘 신라 이전의 입말들이 꽃게가 알을 슬 듯 빼곡이 숨어 있다. 시집 곳곳에 살아숨쉬는 토박이 땅이름을 살펴보자.

별내, 틈수골, 오가리, 등알, 갬디미, 냄비, 둥굴, 솔안각단, 술구름각단, 중각단, 지당각단, 새말, 문바우, 도꼬불, 어링이, 뒷새말, 벤다골, 소리미, 달미, 바탕골, 굴성, 미역골, 홈실, 시루골, 미역내, 새들, 구트란, 느븐드리, 숲말, 숯가마골, 골안, 쇠비산, 매태, 원박달, 돌꼬지, 점말, 도진뱅이, 반탕골 등 우리 입말들이 고스란히 살아남아 있어 이채롭다.

## 4

언어는 변한다. 그 지역어가 어떻게 변화하였고, 또한 지명은 그대로인 경우가 태반일 것이다. 통일신라시대에는 경주토박이말이 표준어였다. 고려와 조선을 거치면서 언어의 중심권이 개성과 한양으로 바뀌게 되었고, 지금은 서울말이 표준어의 지위를 얻게 되었다. 언어의 변천은 학자들이 통시적(通時的) 연구를 통해서 언어의 변화 과정을 밝혀낼 수 밖에 없을 것이다.

사람들이 사는 곳이라면 어디든지 옛날부터 전해오는 토박이 땅이름이 있다. 또 사람이 살았던 곳이거나 거쳐간 흔적이라도 있는 곳엔, 거기에 따른 땅이름이 있게 마련이다.

> 문뜸은 문이 떡 열린 곳, 육부촌장 모여 박혁거세를 왕으로 시킨 양산대. 시킨이 식혜로 변했다고 하고, 또한 도승 식혜가 살았다고 식혜골이라 덧붙이네 곰곰 생각해 보니 어느 것이든 식혜란 말 재미있네 세 신이 살던 신삼만디, 안정된 곳이란 안장골, 영험하다는 바위덩어리에 동제 지내는 마을이네
>
> —「식혜골」 부분

「식혜골」은 신라의 기원의 역사적 사실을 시화하고 있다. "문뜸은 문이 떡 열린 곳, 육부촌장 모여 박혁거세를

왕으로 시킨 양산대. 시킨이 식혜로 변했다"고, 즉 6부 촌장들이 모여 신라 초대임금으로 박혁거세를 시켰다는, 즉 모셨다는 말이 경주 토박이말로 '식켰다'고 일러둔다. 임금을 시켰다는 골짜기가 음의 변천을 거쳐서 식혜골이란 마을이름으로 정착되었다고 한다.

자연적으로 생긴 마을 이름은 우리의 순수한 토박이 이름이다. 세월 따라 이름이 변하듯 "고속철도, 동해남부철도 도로 공사로/화실마을 산산히 갈라져 흩어져/시끄럽고 산만한 마을되어/달리는 차들이 꽃을 이루네—「화실」 중에서", "주산 가로질러 고속철도가 놓여/마을 앞 쏜살같이 열차 지나가지만/사람 사는 곳 이외로/따뜻하게 보이네—「벤다골」 중에서"처럼 마을도 국토개발이나 사통팔달 도로가 새로 내면서 자연이 파괴되고 마을이 두동강나는 경우가 허다하다. 댐 건설로 수십 개의 마을이 한꺼번에 수장되는가 하면, 경지정리로 논과 밭 모양이 변하면서 고유한 땅이름도 점차 사라져 가고 있다. 어디 그뿐이겠는가.

권순채는 "토착 종교는 미신 취급이나 당하고 동제, 또는 하루가 다르게 사라지고 있으니, 우리의 문화를 우리가 가꾸고 지켜가지 않는다면 누가 우리의 맥을 이어나간단 말인가? 나는 한 마을에서만 400여 년을 살아온 진짜토박이다. 한반도의 지도를 펴놓고 볼 때, 땅이름은 모두가 한자어나 일본말 투로 되어 있다. 역사 속에서 외세에 침략 당했던 흔적을 생생하게 보는 것 같아 그 분함을 참을 수가 없었다."고 토로한 적이 있다.

또한 마음이 순박한 나머지 나무와 바위 등을 신령스럽게 여기며 마을의 안녕과 질서를 위해 동제를 지내던 풍습이 있다. 사라져가는 땅이름을 찾아내기 위해 마을 구석구석을 헤매는 일은 말할 수 없는 고통이 따랐을 것이다. 그의 발걸음이 닿는 곳마다 우리의 역사가 살아 숨쉬고 있다. 토박이 마을을 찾아다니면서 "오늘 따라/옛 생각에 잠겨 보지만/없어진 마을/이름만 남겨놓았네―「달미」 중에서", "옛날에 옛날에/솔숲에 동제 지냈는데/지금은 지낼 사람도 없어/솔숲만 우거졌네―「오가리」 중에서"라고 이름만 남아 있는 마을과 마을 공동의 안녕과 질서를 위해 당수나무에 동제를 지냈던 오랜 풍습이 사라져가는 것을 아쉬워하기도 한다.

그러나 아무리 세상이 바뀌어도 "누가 사느냐/그래도 사람 살고/논도 밭도 있다"고 인간에 대한 믿음으로 결국 이 땅에 기대어 살아 갈 수 밖에 별다른 도리가 없지 않겠는가 반문한다.

산사태진 아랫 마을
사태골이라 부르는 곳

절터 아래 마을이라고도 하네
절태골, 큰절골, 작은절골
큰 절태귀미 작은 절태귀미
듣기만 해도 절태 마을인 것을
이렇게 작은 마을에
좋은 소나무에 동제 지내주고
태중 중고개 길고도 먼데
오가는 길은 끊긴지 오래고
얼키고 설킨 덩굴 속에
옛길도 찾기 어렵네

높고 깊은 산 아래
누가 사느냐
그래도 사람 살고
논도 밭도 있다
—「사태골」 전문

5

권순채의 시집 『신라 토박이 땅이름』에는 번뜩이는 문재나 빼어난 문학적 성취보다는 발품 30년, 그 공력에 쓴 생생한 시편에 방점을 찍는다. 대체 책상물림들은 머리로만, 책 속에서만 말할 때 그는 발로 뛰면서 생생한 목소리를 들려준다. 그가 비록 빼어난 문사는 아닐지라도 줄기차게 우리 말을 찾아다니며 한 생을 바친 열정과 수고로움으로 이룬 그의 텍스트 앞에 겸허해진다.

권순채, 그는 진실한 사람이다. 도대체 꾸미거나 폼 잡을 줄 모른다. 솔직 담백하다. 그를 만나면 누구나 금방 무장해제된다. 마음이 풀어지고 어떤 경계심도 금세 허물어진다. 약삭빠른 염량세태 속에서도 어리숙하게 산다. 농사를 지으면서 곤궁하지만 마음부자다. 그는 남의 일에 자기 일처럼 헌신적으로 나선다.

시집 『신라 토박이 땅이름』에는 이 땅의 입말이 수 천년을 지켜낸, 아직까지 살아숨쉬는 토박이 땅이름은 한국문학이 곶감 빼먹듯 아껴먹을 자산인 동시에 언어학적 측면에서도 소중한 우리의 자산이 될 것임에 틀림없을 것이다.

만인시인선 53
# 신라 토박이 마을

초판 인쇄 2020년 6월 10일
초판 발행 2020년 6월 15일

지은이 / 권 순 채
펴낸이 / 박 진 환

펴낸 곳 / 만인사
출판등록 / 1996년 4월 20일 제03-01-306호
주소 / 41960 대구광역시 중구 명륜로 116
전화 / (053)422-0550
팩스 / (053)426-9543
전자우편 / maninsa@hanmail.net
홈페이지 / www.maninsa.co.kr



ISBN 978-89-6349-147-9 03810

값 9,000원



* 이 도서의 국립중앙도서관 출판예정도서목록(CIP)은 서지정보유통지원시스템 홈페이지(http://seoji.nl.go.kr)와 국가자료종합목록 구축시스템(http://kolis-net.nl.go.kr)에서 이용하실 수 있습니다(CIP제어번호 : CIP2020020911).

# 만 / 인 / 시 / 인 / 선

1. **이하석** 시집 | 高靈을 그리다
2. **박주일** 시집 | 물빛, 그 영원
3. **이동순** 시집 | 기차는 달린다
4. **박진형** 시집 | 풀밭의 담론
5. **이정환** 시집 | 원에 관하여
6. **김선굉** 시집 | 철학하는 엘리베이터
7. **박기섭** 시집 | 하늘에 밑줄이나 긋고
8. **오늘의 시 동인** | 「오늘의 시」 자선집
9. **권국명** 시집 | 으능나무 금빛 몸
10. **문무학** 시집 | 풀을 읽다
11. **황명자** 시집 | 귀단지
12. **조두섭** 시집 | 망치로 고요를 펴다
13. **윤희수** 시집 | 풍경의 틈
14. **장하빈** 시집 | 비, 혹은 얼룩말
15. **이종문** 시집 | 봄날도 환한 봄날
16. **박상옥** 시집 | 허전한 인사
17. **박진형** 시집 | 너를 숨쉰다
18. **정유정** 시집 | 보석을 사면 캄캄해진다
19. **송진환** 시집 | 조롱당하다
20. **권국명** 시집 | 초록 교신
21. **김기연** 시집 | 소리에 젖다
22. **송광순** 시집 | 나는 목수다
23. **김세진** 시집 | 점자블록
24. **박상봉** 시집 | 카페 물땡땡
25. **조행자** 시집 | 지금은 3시
26. **박기섭** 시집 | 엮음 愁心歌
27. **제이슨** 시집 | 테이블 전쟁
28. **김현옥** 시집 | 언더그라운드
29. **노태맹** 시집 | 푸른 염소를 부르다
30. **이하석 외** | 오리 시집
31. **이정환** 시집 | 분홍 물갈퀴
32. **김선굉** 시집 | 나는 오리 할아버지
33. **이경임** 시집 | 프리지아 칸타타
34. **권세홍** 시집 | 능소화 붉은 집
35. **이숙경** 시집 | 파두